## मोनिका सेलेस

पश्चिम के इस सबसे शानदार खेल में
जाने कैसे घुस आयी पूरब मुलुक की यह असभ्य लड़की
कोर्ट में चीख़ती है और बॉल पर ऐसे झपटती है जैसे सोमालियाई रोटी पर
तहज़ीब   दमख़म और उन्मादक अदाओं के सारे छंद तोड़ डालती है
टूटे-फूटे देश की यह लड़की

ऐ लड़की कहाँ की है तू—सर्बिया   क्रोएशिया या बोस्निया की
तेरी यह मजाल की महान जर्मनों को चुनौती दो

खेलना है तो कोई और खेल खेलो
इस शानदार खेल में तो टांग न फंसाओ
यहाँ सभ्यों के लिए सर्वाधिकार सुरक्षित है

सभ्यता है   मैदान में घुस का विजेताओं को पीटना
सभ्यता है   खिलाड़ी की पीठ में छुरा घोंपना
सभ्यता है   हिटलर की 'महान' सभ्यता को आगे बढ़ाना।

(1993)

## सिकंदर लौट रहा है

अपनी ही जीती हुई धरती से
पराजितों की तरह गुजर रही है विश्वविजयिनी सेना
सिकंदर लौट रहा है
अपनी जीत को जहाँ का जहाँ छोड़ते हुए
पराभव और व्यथा के साथ    सिकंदर लौट रहा है

कभी उन्हीं रास्तों से वह आया था
धूल के बादलों में रक्तरंजित तलवारों की बिजलियाँ चमकाते
विशाल लाव-लश्कर के साथ
नदियों को छलांगते हुए    पहाड़ों को रौंदते हुए
गाँवों-नगरों को जलाते हुए    फसलों को कुचलते हुए
इन्हीं रास्तों से वह आया था

जहाँ-जहाँ  पड़े थे उसके पांव    उससे और दूर-दूर तक मची थी तबाही
जहाँ-जहाँ तक दौड़े थे उसके थोड़े    उससे और दूर-दूर तक कांपी थी पृथ्वी

ढेर सारे लोगों को अपने पाँव
और उससे भी ज़्यादा को अपने आतंक से कुचलते हुए
जिन रास्ते से आये थे उन्हीं रास्तों से लौट रहे हैं
मृतकों की यादों और घायलों की चीख़-पुकार से हताश व्याकुल सैनिक
जिन नगरों को जलाया था उनके साथ आँसू बहाती
जिन फसलों को मसला था उनके कुचले दाने चुन-चुन कर भूख मिटाती
जिन पहाड़ों को रौंदा था उनमें पीठ टिका कर थकान उतरती
लौट रही है विश्वविजयिनी सेना...

(1991)

□□

# दूर तक चुप्पी

# दूर तक चुप्पी

मदन कश्यप

वाणी प्रकाशन

वाणी प्रकाशन

*4695, 21-ए, दरियागंज, नयी दिल्ली 110 002*

शाखा

*अशोक राजपथ, पटना 800 004*

फ़ोन: +91 11 23273167 फ़ैक्स: +91 11 23275710

www.vaniprakashan.in
vaniprakashan@gmail.com

DOOR TAK CHUPPI
*by* Madan Kashyap

ISBN : 978-93-5072-668-6
Poems



प्रथम संस्करण

मूल्य : ₹ 200



*हर्ष प्रिंटर्स, दिल्ली-110 093 में मुद्रित*

*वाणी प्रकाशन का लोगो मक़बूल फ़िदा हुसेन की कूची से*

*कवि मित्र*
*लीलाधर मंडलोई*
*के लिए*
*जिनकी छोटी कविताएँ*
*बड़ा प्रभाव छोड़ती हैं*

**—मदन कश्यप**

# अनुक्रम

## कविता परिशिष्ट

# दुख इतना था

## दुख

दुख इतना था उसके जीवन में
कि प्यार में भी दुख ही था

उसकी आँखों में झाँका
दुख तालाब के जल की तरह ठहरा हुआ था

उसे बाँहों में कसा
पीठ पर दुख दागने के निशान की तरह दिखा

उसे चूमना चाहा
दुख होंठों पर पपड़ियों की तरह जमा था

उसे निर्वस्त्र करना चाहा
उसने दुख पहन रखा था
जिसे उतारना संभव नहीं था।

(2011)

## ऐसा क्यों होता है

कई दिनों बाद पति-पत्नी जब घर लौटे
तो बगीचे के फूल किसी ने तोड़ लिये थे
पति बेहद नाराज हुआ
घर में घुसते ही सामान इधर-उधर फेंकने लगा
चीख़-चीख़ कर गालियाँ देने लगा

पत्नी लगातार माफ़ी माँग रही थी
शांत होने की प्रार्थना कर रही थी

दरअसल स्त्रियाँ जब घर में नहीं होती हैं
तब भी थर संभालने का दायित्व उन्हीं का होता है!

(2009)

## निशानी

चिट्ठियाँ तो थीं नहीं कि जुगा कर रखते
बस कुछ एसएमएस थे
काफ़ी दिनों तक बचे रहे
मगर एक दिन मिटना ही था    मिट गये

हमारे समय में प्रेम
कोई निशानी नहीं छोड़ता
कुछ स्मृतियाँ होती हैं जो बहुत दिनों तक
बर्छे की तरह चुभी रहती हैं
धीरे-धीरे उनका लोहा भी गल जाता है।

(2011)

## कभी-कभी

स्त्री अक्सर भूल जाती है प्रतिवाद करना
लेकिन कभी-कभी
वह प्यार करना भी भूल जाती है।

(2011)

## प्रेमयुद्ध

अपनी चरम अवस्था में युद्ध ही तो होता है प्रेम
एक ऐसी ज़ंग जिसमें स्त्री जीत कर भी
पराजय के गहरे एहसास में डूब जाती है
और हारा हुआ पुरुष
जीत के भ्रम में उतराता रहता है।

(2010)

## बड़ा आदमी

वह जब भी मिलता है
उसका गुमान हमेशा
उससे बड़ा दिखता है
इसीलिए बड़ा आदमी
कभी बड़ा नहीं लगता!

(2010)

## मुश्किल

मुश्किलों की मुश्किल यह है
कि वह तभी तक मुश्किल है
जब तक मुश्किल से आती है
जब उसका आना आसान हो जाता है
तब होना भी असहज नहीं रह जाता!

(2010)

## तिनका

मैं एक सूखा हुआ तिनका हूँ
मुझे अपनी किसी किताब में दबा दो
तो बहुत दिनों तक रह जाऊँगा
नहीं तो एक जलती तीली दिखा दो
बस एक पल में काम तमाम!

(2010)

## जीना

हजारों तीरों की शैया पर लेटे थे भीष्म
जबकि मृत्यु के लिए एक ही तीर काफी है
इतनी वेदना भला वे कैसे सह पा रहे थे
शायद इसलिए कि शरीर में नहीं
वे अपने विश्वासों में जी रहे थे।

(2010)

## सबसे बड़ा पाप

सबसे बड़ा पाप है
पराजित होना
विजेता ही लिखता है इतिहास
और वह धीरे से
सुयोधन को दुर्योधन में बदल देता है।

(2010)

## हमारे समय मे धर्म

वे जानते हैं कि उससे कुछ नहीं होता
फिर भी करते हैं प्रार्थना
साथ-साथ हिक़मत भी नहीं छोड़ते

दवा के साथ थोड़ी दुआ भी हो जाये तो हर्ज क्या है

यह दुविधा भी बनाती है बाज़ार
हमारे समय में धर्म आस्तिकों से कहीं ज़्यादा
इन संशयात्माओं के बूते चल रहा है।

(2010)

## चश्मा

अक्षर धुँधला दिख रहा था
मैं चश्मा खोजने लगा जो मिल नहीं रहा था
वह कहीं और था ही नहीं
जबकि मैं अपनी आँखों पर तो उसे खोज नहीं सकता था

वैसे कुछ-कुछ एहसास था नाक पर उसके टिके होने का

चश्मा काफी पुराना था
मेरी नज़र लगातार कमजोर होती गयी थी पर उसका लेंस स्थिर था
इसीलिए नाक पर उसके चढ़े रहने का अब कोई मतलब नहीं था
तभी तो उसके होने के बाद भी मैं उसे खोज रहा था।

(2008)

## गांव मे हत्या

अब भी हत्या यहाँ ज़्यादा हत्या लगती है
लाश कहीं भी पड़ी हो
लोग जाकर उसे देखते और पहचानते हैं
वे स्त्रियाँ भी होती हैं
जो वोट वाले दिन दूसरे ख़ेमे में थीं!

(2008)

## दिखना

ख़ूब-ख़ूब आँखें खोल कर देखो
मगर यह मत भूलो
खुले आँखों से जितनी दिखती है दुनिया
उससे कहीं बहुत अधिक दीखती है
आँखें मींच लेने पर।

(2008)

# झींगुर

रात के सन्नाटे में नर झींगुर
मादा तक अपना प्यार पहुँचा रहा था
और प्रत्युत्तर पा रहा था

बीच में आदमी
सुन रहा था झींगुरों की आवाज़ें
जिनमें शब्द नहीं थे
संगीत ही संगीत था

भले ही कुछ बड़ी कर दी हो हमारी दुनिया
शब्दों ने बहुत कम कर दिया है हमारा प्यार।

(2008)

## विजेता हत्यारा

जब पहली बार उसने हमारे एक पड़ोसी को मारा था
तब बेहद गुस्सा आया था।
हमने हत्यारे के खिलाफ़ आवाज़ें बुलंद की थीं
और जुलूस भी निकाले थे।

दूसरी बार जब एक और पड़ोसी मारा गया
तब मैं गुमशुम-सा हो गया था
घर दफ़्तर सड़क   हर जगह असहाय और अकेला

फिर जब हमारे तीन-चार पड़ोसी एक साथ मारे गये
तब हम हत्यारे की जयकार करते हुए सड़कों पर उतर आये।

अब मैं अकेला नहीं था। असहाय भी नहीं। पूरी भीड़ थी साथ।
हत्यारा अब विजेता बन चुका था। हमारा नायक।

(2009)

## संकट

अक़्सर ताला उसकी ज़ुबान पर लगा होता है
जो बहुत ज़्यादा सोचता है

जो बहुत बोलता है उसके दिमाग़ पर ताला लगा होता है

संकट तब बढ़ जाता है
जब चुप्पा आदमी इतना चुप हो जाये कि सोचना छोड़ दे
और बोलने वाला ऐसा शोर मचाये कि उसकी भाषा से
विचार ही नहीं   शब्द भी गुम हो जायें!

(2008)

## उम्मीद

जब आदमी उम्मीद से आसमान
की ओर देखता है, तब इस धरती
का रंग बदलने लगता है।

(2011)

## कच्चा

मिट्टी में मिल जाता है
जो खिच्चा और कच्चा है
पकने पर तो मिट्टी भी मिट्टी में नहीं मिलती।

(2011)

## छत पर स्त्री

पहले उसके दमकते केश दिखे   फिर लिलार
फिर आँखें   फिर कौंधा पूरा चेहरा
अदृश्य सीढ़ी से चढ़कर छत पर आयी वह
जो कम से कम उस शाम की सबसे सुंदर स्त्री थी
धीरे-धीरे हवा की नदी से बाहर निकलती
वह बढ़ने लगी किनारे की ओर

जब छज्जे पर झुकी वह स्त्री
ऊपर उठ आये उसके जूड़े में छुपने लगीं डूबते सूरज की दो-चार क़िरणें
जो उस शाम वापस नहीं लौटना चाहती थीं

शांत उत्सुकता से उसने नीचे की दुनिया को देखा
जहाँ हर शै चातक में तब्दील हो रही थी
वह शाम अब वैसी हीं नहीं रह गयी थी
जैसी उस स्त्री के छत पर आने से पहले थी!

(2005)

## अँधेरा-उजाला

जो तेज़ उजाले में रहते हैं
उनका भी अपना एक अँधेरा होता है

उजाला वे पाते हैं
अँधेरा वे रचते हैं
ज़ाहिर है अपनी रचना को ज़्यादा प्यार करते हैं।

(2012)

## ग़म खाना

ग़म खाना भले ही माना जाता है अच्छा
लेकिन अच्छा होता नहीं है

जब आप ग़म खाते हैं
तो असल में
ग़म आपको खा रहा होता है!

(2012)

# बाज़ार : 5 कविताएँ

## एक

सुनो इतना कुछ कि कुछ भी न सुन सको
जानो इतना कुछ कि कुछ भी न जान सको
समझो इतना कुछ कि कुछ भी न समझ सको

आवाज़ों में डूब रही हैं आवाज़ें
आवाज़ों को डुबोने वाली आवाज़ें
किन्हीं और आवाज़ों में डूब रही हैं
धूर्त और क्रूर सौदागरों से सजा है बाज़ार!

## दो

बाँहें पकड़ कर खींच रही हैं आवाज़ें
बदहवास ख़रीदारों को पता ही नहीं चलता
कब कोई अनुरोध आदेश में बदल जाता है
फिर धमकी में

उन्माद और निरीहता ने बदल लिये हैं अपने अर्थ
ख़रीदने वालों को अक्सर मालूम नहीं होता
कि दरअसल वे अपने को बेच रहे होते हैं।

## तीन

इस बाज़ार में बेचने की कला बिकती है

एक हाथी बेच रहा है अपनी लीद
एक बाघ बची हुई हड्डियों और
माँस के कुछ सड़े-गले टुकड़ों का ढेर लगाये बैठा है
एक गदहा अपने मूत से गीली हुई मिट्टी के लिए
ख़रीददारों को आवाज़ लगा रहा है
एक लकड़बग्घा बिकी हुई चीज़ों को चुरा कर
फिर से बेचने की ताक में इधर-उधर दौड़ लगा रहा है

ग्राम प्रधान तक का चुनाव
नहीं जीत पाने वाला सौदागर
बेच रहा है लोकतंत्र!

## चार

इस लकदक बाज़ार में
अपने पर्स की मुटाई देख कर मत फूलो
कि तुम जो ख़रीदना चाहते हो वह ख़रीद सकते हो

तुम एक कमीज ख़रीदने जाओगे तो वह बताएगा
तुम्हारी कांख की बू आस्तीन में आ जाएगी
सो तुम पहले डियोड्रेंट ख़रीदो

और जो तुम बहस करना चाहो तो वह करेगा
तुम्हारे मुँह से बदबू आ रही है
पहले इस नये टूथपेस्ट से ब्रश करके आओ!

## पाँच

तुम मोल तोल कर सकते हो
मगर क़ीमत तय करने की बात छोड़ो
अपनी ज़रूरत तय करने का अधिकार भी तुम्हें नहीं है!

(2011)

# छिपना

मुखौटों से केवल झाँइयाँ नहीं छिपतीं पूरा चेहरा छिप जाता है
सबको पता चल जाता है कि सबकुछ छिपा दिया गया है

भला ऐसे छिपने-छिपाने का क्या मतलब

छिपो तो इस तरह कि किसी को पता नहीं चले   तुम छिपे हुए हो
जैसे कोई छिपा होता है हवस में   तो कोई अवसरवाद में

कोई सूचनाओं में छिप जाता है   तो कोई विश्लेषण में
कोई अज्ञान में   तो कोई इच्छाओं में

कुछ चालाक लोग तो विचारधारा तक में छिप जाते हैं

और कवि   अक़्सर छिपा होता है अपनी कायरता में!

(2011)

## सरकार

सरकार झूठ बोलती है
जब कहती है कि वह झूठ नहीं बोलती
तब और ज़्यादा झूठ बोलती होती है

और जब वह दावा करती है
कि भले ही अतीत में झूठ बोल चुकी हो
इस बार बिल्कुल सच बोल रही है
तब वह सबसे ख़तरनाक झूठ बोल रही होती है!

(2008)

## हत्यारा

वह तलाशता है अपने लिए सबसे सुरक्षित जगह
और गोलियाँ दागने से पहले पीछे मुड़कर देखता है
बिना किसी डर और दर्द के अंधाधुंध हत्याएँ करने वाला
अपनी मौत से कितना डरता है

हत्यारा जब भी मारा जाता है गोली पीठ में ही लगती है

जिससे डरकर तुम भाग रहे होते हो वह खुद ही डरा हुआ होता है
सहसी लोग हत्याएँ नहीं करते
कभी-कभी अपनी आवाज़ बुलंद करने के लिए धमाके करते हैं
और हँसते-हँसते फाँसी पर चढ़ जाते हैं!

(2010)

## दिल्ली

वे जो शेर या तेंदुआ
नहीं बन पाते हैं
हाथी या गैंडा भी नहीं
दिल्ली उन्हें बना देती है
शातिर लोमड़ी या नहीं तो भीगी बिल्ली!

(2010)

## बाढ़ : कुछ त्रिपदियाँ

**एक**

कई नदियों ने मिल-जुलकर
फिर से रच डाला है एक समंदर
आदमी नहीं है पर जलचर।

**दो**

नदियाँ देन हैं प्रकृति की
बाढ़ नहीं, इसे तो रचा गया है
आपकी व्यूढ़ हिंस्रा इच्छाओं द्वारा।

**तीन**

पानी के साथ हमें जीना
आता था, यह तो आपने कर दिया
है जीना मुहाल पानी का।

**चार**

किसने रोकी है किसकी राह
नदियों ने हमारी या हमने नदियों की
या आपने हम दोनों की?

**पाँच**

आप आ गये नदी के
रास्ते में, तभी तो नदी आ गयी
हमारे घर और आँगन में।

बाढ़ में घिरे हुए लोग
मृत्यु से नहीं डरते मौत से बड़ी
हो जाती है तब भूख।

(2005)

# लोकतंत्र : कुछ त्रिपदियाँ

**एक**

लोकतंत्र में तुम्हें हक़ है
किसी को भी चुन लेने का मगर
कुछ भी बदलने का नहीं।

**दो**

तुम्हें पता भी नहीं होता
तुम्हारे द्वारा चुने जाने के पहले कोई
उसे चुन चुका होता है।

**तीन**

तुम उसको चुनते हो अथवा
वह चुनता है तुमको कि तुम चुनो
उसे ताकि वह राज करे।

**चार**

तुम सरकार बना-बदल सकते हो
मगर उसे चलाने का अधिकार वे तुम्हें
कभी नहीं देने वाले हैं।

**पाँच**

बिके हुए लोगों की कोई
क़ौम नहीं होती ऐसे में उन्हें चुनना
क़ौम से विश्वासघात करना है।

**छह**

जब कभी सत्ताधारियों का गिरोह
बन जाता है तब राजतंत्र से भी
बदतर हो जाता है लोकतंत्र!

(2007)

# गिरना

किसी भी क्षण गिर सकता है वह पुराना मकान
यह सोचकर चला आया मैं बाहर
बरसों टकटकी लगाये देखता रहा
पर अब गिरा कि तब गिरा वह नहीं गिरा
इस तरह पता चला
जर्जर महलों का गिरना केवल वे ही देख पाते हैं
तो मलवे में दबकर मर जाते हैं।

(2005)

## विपर्यय

शब्द वहाँ ज़्यादा हैं जहाँ उनकी ज़रूरत नहीं है
और जहाँ होनी चाहिए थी भाषा की मज़बूत उपस्थिति
वहाँ दूर तक फैली हुई है चुप्पी

इसका एक उदाहरणः
प्यार करने वाले बहुत बोल रहे हैं
और बहस करने वाले ज़्यादातर चुप हैं!

(हे, प्रिय पाठको! कुछ उदाहरण
आप भी ढूँढ़िए
समय के भीतर-बाहर)

(2012)

## नया अत्याचारी

एक दिन ख़ाक में मिल जाएगा अत्याचारी
फिर भी बचा रहेगा अत्याचार
किसी और के द्वारा होता हुआ

पर किसी एक दिन अत्याचार भी ख़त्म होगा
केवल किस्से रह जाएंगे अत्याचारियों के
फिर क्या उन किस्सों से पैदा नहीं होगा
नया अत्याचारी!

(2010)

## चुप्पा आदमी

आदमी के चुप रहने का मतलब यह तो नहीं
कि उसके भीतर कोई हलचल नहीं है
फिर भी उन्हें पसंद है चुप्पा आदमी

चुप रहने से बाहर सब कुछ शांत रहता है
व्यवस्था उसके चुप रहने का इतना अभ्यस्त होती है
कि उसे बोलने मात्र के लिए सज़ा दी जा सकती है

मगर 'चुप रहने में ही भलाई' बिल्कुल नहीं है

चुप्पे आदमी की ज़मीन सबसे पहले छीनी जाती है
और मुआवज़ा भी नहीं   या नहीं के बराबर दिया जाता है
किसी भी आपदा में सबसे पहले
और सबसे ज़्यादा मारे जाते हैं चुप्पे लोग!

(2010)

## उद्धारक

हम तुम्हारा उद्धार करेंगे
ज़िंदा रखा तो जूठन खिलाकर
पाँव धुलवाकर   तुम्हारा उद्धार करेंगे
मार दिया तो बैकुंठ भिजवाकर
तुम्हारे वंशजों को अपना भक्त बनाकर   तुम्हारा उद्धार करेंगे

और किसी आफ़त-बिपत   बेला-कुबेला   ठौर-कुठौर में
तुम्हारे जूठे बेर खाकर भी तुम्हारा उद्धार करेंगे!

(2010)

## भूलना

हमने विस्मृति के बीज डाले
तो यादों का दरख़्त उग आया
कुछ चीज़ों को भूलना कितना कठिन है
जैसे इस उम्र में
कुछ चीज़ों को याद रखना!

(2012)

# प्रतिकूल

अचानक पोखर में कूद पड़ी वह स्त्री
उसी समय पता चला कि उसे तैरना आता है

चेहरे को सुविधा थी
वह ऊपर उठ भी सकता था
और पानी की सतह में छुप भी सकता था

लगातार पाँव चलाने से
साड़ी सिमट कर घुटनों तक आ गयी थी
तभी लगा कि तैरने के लिए
यह वस्त्र कितना प्रतिकूल है!

(2012)

## सत्रह साल की माल
### (संदर्भ : गुवाहाटी कांड)

वे मज़े के लिए उसके अंगों को मरोड़ रहे थे
मज़े के लिए उसके कपड़े फाड़ रहे थे
मज़े के लिए उसे जलती सिगरेट से दाग रहे थे
उन्हें बेहद मज़ा आ रहा था

तमाशबीनों को अचरज हो रहा था
कि वह एक जीवधारी की तरह चीख़ रही थी
बचाने के लिए गुहार लगा रही थी
जबकि उनकी निगाह में वह सिर्फ एक माल थी सत्रह साल की!

(2012)

# दंतेवाड़ा

लाल मिट्टी वाली पहाड़ी सड़कों
और पगडंडियों से गुज़रने के बाद
धूल और कीचड़ से लथपथ
अपने जूते मैंने उतारे
और मेरे पाँव वहीं रह गये

खुली हथेलियों को निहारते हुए याद आया
कि वहीं छूट गयीं मेरी कसी हुई मुट्ठियाँ

यहाँ दिल्ली में हैं मेरी आँखें
और सपने सारे के सारे दंतेवाड़ा में!

(2010)

# फिर से आग

## चिड़िया की चोंच

दाना दिखाता है
फिर जाल बिछाता है
कौन नहीं   कहाँ नहीं   कब नहीं सताता है

जिधर भी नज़र डालो ख़तरा ही ख़तरा है
कहीं मिलती नहीं निर्भयता एक कतरा है

सघन अमराई में
डाल यह बैठी एक चिड़िया रही थी सोंच
इन सबसे बचने को नियति ने उसे दिया है क्या
बस यही चोंच!

(1973)

## हँसी की तलाश

उदास आँखें और चुप चेहरे कर रहे हैं
फैलते आसमान और सिकुड़ती धरती के बीच
किसी हँसी की तलाश!

(1976)

## मुट्ठियाँ तन रही हैं

अँधेरा पिघल रहा है
धूप गर्म हो रही है

धूप गर्म हो रही है
धमनियों का रक्त गर्म हो रहा है

रक्त गर्म हो रहा है
नसें तन रही हैं

नसें तन रही हैं
मुट्ठियाँ बँध रही हैं

मुट्ठियाँ बँध रही हैं
मुट्ठियाँ तन रही हैं
हज़ारों हज़ार मुट्ठियाँ तन रही हैं!

(1977)

## चाँद चौथी का

अँधेरे के पिंड पर रखे
आग के हँसिये की तरह
चाँद चौथी का

बार-बार घिर-घिर कर भी
बादलों के घेरे तोड़-तोड़ कर निकल आता है
जीत की मुस्कान की तरह
चाँद चौथी का!

(1979)

## प्रतीक्षारत

(बोकारो गोलीकांड के बाद)
वहाँ राइफलें आज भी दनदना रही हैं
वहाँ गोलियाँ खाकर वायुमंडल अभी भी चीख़ रहा है

एक दहशत के साथ पूरा का पूरा समय
जहाँ का जहाँ ठहर गया है
और क्षितिज के उस पार ही
रुका हुआ है रथ सूरज का
प्रतीक्षारत!

(1980)

## दुआ

वैसे दिन सबके हों
जैसे होते हैं शहंशाह के दिन
वैसी रातें
किसी की न हों
जैसी होती हैं शहंशांह की रातें!

(1986)

## त्रिशंकु

त्रिशंकु आज भी अटका हुआ है
वहीं का वहीं लटका हुआ है
सदी के मध्य से
अगली सदी में छलांग लगानेवालों की तरह
धरती और आकाश के बीच भटका हुआ है

पृथ्वी पर टपक रही है उसकी लार
और आँखें आसान की ओर उठीं   ढूँढ़ रही हैं स्वर्गद्वार

शताब्दियाँ बीत गयीं   शताब्दियाँ बीत जाएंगी
काल जहाँ से जहाँ चला जाय त्रिशंकु को जहाँ का जहाँ पाएंगे

वह जी नहीं सकता   क्योंकि वह जीवित नहीं है
वह मर भी नहीं सकता   क्योकि जीवित नहीं है!

(1987)

## शब्द

शब्द
हमें करते हैं उतना ऊष्मित
जितना नहीं कर पाता है धमनियों में दौड़ता रक्त

शब्द
हमें देते हैं उतना साहस
जितना नहीं दे पाता है कोई भी अस्त्र

अपने उत्पीड़ित युग के इस हताश मोड़ पर
जबकि नैतिकता कामुकता की हद में सिमट गयी है
मैं शब्दों के साथ नैतिक होने का साहस करता हूँ!

(1988)

## रोटी और आग

(केदारनाथ सिंह की रोटी कविता से प्रेरित)

रोटी ने आग का तपन लिया
आग ने रोटी का सोंधापन
सिंकते ही आग पर
रोटी कुछ और हुई
आग भी न आग रही!

(1989)

# अभी भी

अभी भी बचे हैं
कुछ आख़िरी बेचैन शब्द
जिनसे शुरु की जा सकती है कविता

बची हुई हैं
कुछ ऊष्ण साँसें
जहाँ से संभव हो सकता है जीवन

गर्म राख कुरेदो
तो मिल जाएगी वह अंतिम चिंगारी
जिससे सुलगायी जा सकती है फिर से आग!

(1987)

## हवा

हवा हूँ
हवा में हूँ
हवा देता हूँ    हवा लेता हूँ

हवा अनुकूल हो
हवा बाँधता हूँ
हवा प्रतिकूल हो
हवा हो जाता हूँ।

(1988)

## चमगादड़

मैं पक्षी ही तो हूँ
देखो मेरे डैने   मैं उड़ सकता हूँ
पेड़ पर रहता हूँ और कीड़े-मकोड़े फल खाता हूँ
यानी सब कुछ पक्षियों की तरह
चिड़ियों से कहा चमगादड़ ने।

मैं जानवर ही तो हूँ
ये डैने नहीं   मेरी अँगुलियों पर फैली झिल्लियाँ हैं
मेरे दाँत हैं और मेरी मादा बच्चे जनती है
पेड़ पर रहता हूँ मगर घोंसला नहीं बनाता
यानी सबकुछ जानवरों की तरह
पशुओं से कहा चमगादड़ ने।

(1989)

## नौकरशाह कवि

होते थे कभी दरबारी
अब तो होते हैं नौकरशाह कवि
जनता का दुख दरबार तक नहीं
दरबार की चमक-दमक और रोबदाब
जनता तक पहुँचाते हैं नौकरशाह कवि

शब्दों की चमक निचोड़कर
अपने जूते चमकाते हैं नौकरशाह कवि
और दावा करते हैं कि संस्कृति की पृथ्वी
किसी नाग के फण मर नहीं
किसी कच्छप भी पीठ पर नहीं
उनके जूते की नोंक पर टिकी है।

(1989)

## लाल झंडा

कभी सुर्ख़ हुआ था
शहीदों के रक्त से
अब हम इसे रंगते हैं लाल रंग में।

(2000)

## घसियारे की कविता

घास काट कर
घास काटने की जगह बनाते हुए
आगे बढ़ रहा है घास में दुबका लड़का

उसके वजूद को निगल जाने की
घास की कोशिशें हो रही हैं नाकाम!

(1994)

# अगली सुबह

एक रात मेरी बेटी ने कहाः
मेरे लिए एक साइकिल ला दो
मैंने ऊँघते हुए कहाः
अभी सो जाओ, ला दूँगा!

दूसरी रात उसने कहाः
न सही साइकिल एक गुड़िया ही ला दो?
मैंने कहाः अगली सुबह ज़रूर ला दूँगा

तीसरी रात उसने कहाः
गुड़िया नहीं तो रंगबिरंगे बैलून ही सही
मैंने कहाः अगली सुबह

आश्वासनों की कई रातों के गुज़रने के बाद
एक रात उसने कहाः
पापा! अगली सुबह!!

(1982)

## म्यूजिकल चेअर

सिर्फ एक कुर्सी कम होती है
और एक हारता है

फिर एक-एक कर कुर्सियां घटती जाती हैं
और एक के बाद एक हारता जाता है

अंत में जीतता है बस एक

उस एक के जीतने के लिए
एक-एक कर सबको हारना पड़ता है।

(1993)

## गैंडा

एक दिन में क्या सब खाता है गैंडा
बस यही कोई पच्चीस किलो खिचड़ी
पचास किलो हरे पत्ते
ऊपर से दो सौ किलो चारा

और एक दिन में क्या सब करता है गैंडा
यह तो मालूम नहीं
शायद लीद के सिवा कुछ भी नहीं।

(1989)

## कविता

जब तुम निहार रहे होते हो घास की सबसे सुंदर हरियाली को
तो कहां दिख रहा होता है तुम्हें सफेद बादलों की थिगलियो वाला आसमान

जब तुम ढूँढ़ रहे होते हो दो आँखों में सात समुंदर
तब क्या देख पाते हो होंठों के पर्वत का पत्ते की तरह काँपना

एक सुरीली आवाज़ जब तुम्हारे कानों में आती है
तो कई-कई आवाज़ों के आने की राहें बंद कर देती है

जाने कितने हमजोलियों को धकियाकर
जीभ के रास्ते आत्मा में उतरता है कोई स्वाद

जब बाँहों में सिमटी होती है एक मुकम्मिल देह
तो दूर खड़ा हो मुस्कराती रहती है पूरी क़ायनात

एक-एक होने के पीछे होता है    कितना-कितना न होना
शानदार अनुपस्थितियों के बीच ही तो उपस्थित होती है कविता!

(2005)

## तुम्हारा इंतज़ार

नीम के पेड़ तले बस का इंतज़ार?
कतार में खड़े-खड़े
टिकट खिड़की खुलने का इंतज़ार
राशनकार्ड लिए गेहूँ-चीनी पाने का इंतज़ार

इन सब इंतज़ारों से कितना अलग है
दाँत से नाखून काटते हुए
चाँदमारी के पीछे तुम्हारा इंतज़ार!

(1976)

## 'महल' फ़िल्म देखकर

दरख़्तों के बीच से झाँकता है चाँद
जैसे रोशनदान से मधुवाला
सारा देश
मुझे एक 'महल' लगता है
जिसमें ज़िंदगियाँ रूहों की तरह भटक रही हैं!

(1976)

## एक आदिवासी गीत सुनते हुए

पहाड़ नींद से जग रहा था
झरने चाह रहे थे
उसके सुर-ताल पर थिरकना
हवा सीख रही थी बहने की लय
नदी आंक रही थी करुणा की गहराई
दरख़्त सुन रहे थे उसे साँस रोक कर
एक फूल जो खिल रहा था उसी समय
प्रस्फुटित होकर उससे कहीं अधिक बड़ा हुआ
जितना बड़ा उसे होना चाहिए था!

(1986)

## प्रयोग जारी है

रोज डाली जाती है उनके कूड़ेदान में
दर्जनों मरी-अधमरी परकटी चिड़ियाँ
प्रयोग जारी है उनका पाले हुए सांपों को पंछियों के पंख लगाने का

वे चाहते हैं कि साँप उड़ना सीख लें
फिर हर उस आदमी के कंधे पर बैठ जाये जो सीना तान कर चलता है।

महज बिलों और झाड़ियों तक सीमित नहीं रहे सांपों का आतंक
वे पूरे वायुमंडल को नागों की फुंफकार में तबदील कर देना चाहते हैं

दुनिया को अपने आतंक और दहशत की रानों में दबा लेने की
उनकी तैयारी अभी चल रही हैं
और फिलहाल इसके लिए चिड़ियों की पाँखें कतरी जा रही हैं
चिड़ियाँ मारी जा रही हैं।

(1985)

## लिखना

(संदर्भ : पलामू का अकाल)
लिखना/माई के बचने की कितनी है आस
लिखना/आदमी से कितनी बड़ी है धरती की प्यास

लिखना/कितनी चौड़ी हैं खेतों की दरारें
लिखना/क्या पेड़ अब बिल्कुल नहीं करते इशारे

लिखना/कब सूखा सब से गहरे कुएँ का मानी
लिखना/सच्चाई कैसे बन गयी कहानी

लिखना/पहले जोखू भरा या मरी उसकी गाय
लिखना/राहत-साहबों की बीवियों ने कितने गहने गढ़वाये

लिखना/किस जाति का किस धर्म का है यह अकाल
लिखना/भूखों को कौन थमा रहा है इंद्रजाल

लिखना/बच्चों ने कब छोड़ दिया रोना और माँगना!

(1993)

# कविता परिशिष्ट

# त्रिलोचन

गंवई गाँव के मनुख त्रिलोचन सीधे-सादे
खुरदुरी मुट्ठी में अपना आकाश बाँधे
चंपा को काले अच्छर का भेद बताते
जीर्ण-शीर्ण को जीवन का मधुगान सुनाते
धरती के उस जनपद से हैं प्यार लुटाते
परिचित और अपरिचित सबको गले लगाते
चले आ रहे, आँखों मे क्या भर लाये हैं
नगई के टोले से अभी-अभी आये हैं

कविता उनकी क्या दे सकती, क्या देती है
सपनों के ढ़ीले तारों को कस देती है
अपने दुख का स्वागत करतीं हँस देती है
नरम आँच झुलसाती नहीं पका देती है
भाषा की भट्ठी में ज्यों तपता हो कुंदन
ध्वनि में क्रिया क्रिया में बल ले खड़े त्रिलोचन!

(1997)

## बहुत दिनों के बाद

(बाबा नागार्जुन की एक कविता को याद करते हुए)

रिस-रिस कर उठ रहा धुआँ है छप्पड़ से
अगल-बगल में फैल रही कहानी
आज सभी को पता चलेगा इसका
सोच-सोच मन हुलस रहा अभिमानी

लकड़ी बेचकर शहर से लौटी थकी हुई
यौवन जला रही है पत्नी चूल्हे में

पलकों की मुस्कान झुकी-झुकी सी
कुछ कहने को व्याकुल लेकिन मौन
दाँतों में उमंग का आँचल हुए दबाये
देहरी पर बैठी है बूढ़ी अम्मा
मन की खुशियों को संभाले कैसे
तन को ही जब नहीं संभाल पाती है पैबंदो वाली साड़ी

कई दिनों के बाद गंध सोंधी पाकर
नन्ही 'गिदड़ी' नाच रही है आँगन में
भोजन की निश्चितता से आश्वस्त भूख है थिरक रही
'मांझी' के घर भात पक रहा बहुत दिनों के बाद!

(1981)

# सेवाराम

टंकक हैं पर दफ़्तरी जैसे लगते सेवाराम
बाबू-अफसर लेते उनसे कितनी तरह के काम
एक मिनट को चैन न मिलता पलभर नहीं आराम
जितना निपटाते बढ़ आता उतना अधिक है काम

जो सीधे हैं सब उन्हीं पर लाद रहे हैं बोझा
बरना दिनभर बैठे रहते पांडे शर्मा ओझा

फांकीबाजों की मस्ती है और है ऊँचा नाम
जो न खाते हैं हराम का उनीं की नींद हराम!

(1987)

## दूर तलक

पानी पर कंकड़ मत मारो जल काँपेगा दूर तलक
धरती की छाती सिहरेगी भीतर तक हलचल होगी
जल में कंपन होगा तो फिर थल काँपेगा दूर तलक

पल्लव से पर्वत डोलेंगे सींकों सी थिरकेगी नदियाँ
महासिंधु का जल छलकेगा भींगेगा मंगलग्रह का तन
झटके खाते हुए पतंग-सा चाँद बदल लेगा अपना पथ
किरणों के अनगिन कंपन से सिहर उठेगा सूरज का मन

जाकर जब कंपन पहुँचेगा क्षितिज के अंतिम तारे तक
कांप उठेगा आसमान का जर्रा-जर्रा कोना-कोना
सदियों के पथरीले पथ पर पल कांपेगा दूर तलक!

(2001)